AF370280

CATALOGUE

D'UNE COLLECTION

D'OBJETS D'ART

ET DE CURIOSITÉ

PROVENANT DE L'ÉTRANGER

Faïences de diverses Fabriques, Porcelaines de Sèvres et de Saxe, Ivoires sculptés, Terres cuites, Marbres, Émaux de Limoges, Statuettes et Groupes en bronzes, Manuscrits, Meubles sculptés, Cabinets italiens, Montre émaillée, Éventails et quelques Tableaux;

Barre

DONT LA VENTE AUX ENCHÈRES PUBLIQUES AURA LIEU

HOTEL DES COMMISSAIRES - PRISEURS

Rue Drouot, n° 5

SALLE N° 1

Le Samedi 29 Octobre 1864

A DEUX HEURES PRÉCISES

Par le ministère de Mᵉ **CH. PILLET,** Commissaire-Priseur,
rue de Choiseul, 11,

Assisté de M. **FEBVRE,** Expert, rue Laffitte, 12,

Chez lesquels se distribue le présent Catalogue.

EXPOSITION PUBLIQUE

Le VENDREDI 28 Octobre 1864, veille de la Vente,
de une heure à cinq heures.

PARIS

RENOU & MAULDE

IMPRIMEURS DE LA COMPAGNIE DES COMMISSAIRES-PRISEURS
Rue de Rivoli, 144.

—

1864

CATALOGUE

D'UNE COLLECTION

D'OBJETS D'ART

ET DE CURIOSITÉ

PROVENANT DE L'ÉTRANGER

Faïences de diverses Fabriques, Porcelaines de Sèvres et de Saxe, Ivoires sculptés, Terres cuites, Marbres, Émaux de Limoges, Statuettes et Groupes en bronzes, Manuscrits, Meubles sculptés, Cabinets italiens, Montre émaillée, Éventails et quelques Tableaux;

DONT LA VENTE AUX ENCHÈRES PUBLIQUES AURA LIEU

HOTEL DES COMMISSAIRES-PRISEURS

Rue Drouot, n° 5

SALLE N° 1

Le Samedi 29 Octobre 1864

A DEUX HEURES PRÉCISES

Par le ministère de **Me Ch. PILLET**, Commissaire-Priseur, rue de Choiseul, 11,

Assisté de M. **FEBVRE**, Expert, rue Laffitte, 12,

Chez lesquels se distribue le présent Catalogue.

EXPOSITION PUBLIQUE

Le VENDREDI 28 Octobre 1864, veille de la Vente, de une heure à cinq heures.

PARIS — 1864

CONDITIONS DE LA VENTE

Elle se fera au comptant.

Les adjudicataires paieront cinq centimes par franc,
applicables aux frais

DÉSIGNATION

DES OBJETS

Faïences.

1 — Grand plat hispano-arabe, à reflets ; au centre, les armes des maisons de France et de Médicis.

2 — Coupe en faïence de Gubbio ; au centre, la Victoire et deux Génies.

3 — École de Luca della Robbia. Terre cuite, émaillée en couleur. Personnages allégoriques.

4 — Vase italien à anses ; ornements fleurdelisés.

5 — Grand plat ovale, fabrique de Castelli ; au centre, le sujet de Mars et Vénus.

6 — Autre plat, pendant du précédent.

7 — Porte-plat en faïence italienne, décor fond bleu avec médaillons à figures, les pieds à griffes-de-lion.

8 — Plaque coloriée italienne, avec le sujet du Jeune Tobie.

9 — Coupe fabrique de Pesaro ; décor avec frise ; au centre, une croix.

10 — Très-belle assiette, fabrique de Milan ; décor à fleurs et à armoiries imitant le travail chinois.

11 — Plat italien à bords ondulés ; au centre, le Voyage de Jacob. Bel émail.

12 — Coupe de Gubbio, ornée d'arabesques ; au centre, médaillon avec paon.

13 — Quatre vases en faïence italienne, anses à dragons, décor bleu.

14 — Deux vases en faïence italienne ; beau décor à médaillons de femmes.

15 — Jatte avec plateau et couvercle, fabrique de Moustier ; beau décor en fleurs de couleur.

16 — Plateau, fabrique de Rouen, décor à la corne.

17 — Lion tenant un écusson fleurdelisé.

18 — Belle fontaine avec son bassin, fabrique de Rouen. Très-beau décor. Pièce intacte.

19 — Deux petits pots à fleurs, ornés d'armoiries, de fleurs de lis et de mascarons.

20 — Bénitier, fabrique de Rouen.

Porcelaines.

21 — Deux petits chiens carlins, en ancienne porcelaine de Saxe.

22 — Couple amoureux, idem.

23 — Plusieurs figurines en Saxe.

24 — Tasse en Sèvres pâte tendre, fond gros bleu avec sujets marine et trophée.

25 — Tabatière en porcelaine de Saxe, décorée à l'intérieur et à l'extérieur de quatre sujets pastoraux.

26 — Vase en porcelaine de Chine, fond bleu perse, avec rehauts d'or.

27 — Charmante soupière en porcelaine allemande, beau décor de fleurs.

Émaux.

28 — Plaque coloriée sur paillons; le Festin de Balthazar, travail du xvie siècle. Limoges.

29 — Plaque coloriée: le Triomphe de Neptune, par F. Limousin, datée et signée.

30 — Grande coupe à couvercle en émail de Saxe, fond vert avec fleurs en couleur.

31 — Croix processionnelle avec Christ, bronze doré et émaillé. xve siècle.

Ivoires.

32 — Trois colonnes carrées et sculptées à jour; elles représentent des saints sous des niches ogivales fleurdelisées. xve siècle.

33 — Petit bas-relief gothique, la Vierge et Jésus, travail du plus haut mérite.

34 — Boîte à poudre en ivoire sculpté, sur une face, un Musicien ambulant.

35 — Bas-relief du xviie siècle : Jésus couronné d'épines et insulté par un soldat.

Terres cuites, Marbres & Bois.

36 — Groupe en terre cuite, attribué à Marin :
    Amours guerriers.

37 — Enfant jouant du sifflet.

38 — Groupe du xvi° siècle, représentant Hercule
    enfant, étouffant des serpents ; sur le socle
    sont les douze Travaux d'Hercule. Terre
    cuite.

39 — Groupe en bois sculpté : Trois Guerriers com-
    battant.

40 — La Vierge et l'Enfant Jésus, bas-relief en marbre
    sculpté, genre de Donatello ; cadre en bois
    sculpté.

41 — Groupe du petit Saint Jean et l'Agneau. Terre
    cuite italienne.

42 — Enfant endormi. Terre cuite en couleur.

43 — Statuette italienne en marbre blanc : l'Amour
    couché.

44 — Saint Jean, apôtre, et deux Anges ; médaillon
    en pierre de Munich.

Bronzes.

45 — Statuette de saint Pierre, réduction de la grande
    statue de Rome. Travail italien, xvi° siècle.

46 — Groupe ancien en bronze, d'après l'antique :
    Guerrier au repos. Belle patine.

47 — Statuette italienne : Homme se défendant de la morsure d'un serpent.

48 — Buste d'Empereur romain. Bronze italien.

49 — Saint Pierre et saint Paul : Statuettes en bronze florentin, les mains et les têtes dorées.

50 — Cupidon, petite statuette florentine.

51 — Vase vénitien en cuivre damasquiné d'or et d'argent ; il porte les armes des Visconti.

52 — Autre vase, même genre, mais plus petit.

53 — Brazero en bronze vénitien du XVIe siècle ; autour une frise, pieds formés par des lions.

54 — Petit encrier, même genre.

55 — Condottieri debout tenant ses armes ; statuette en cuivre repoussé.

56 — Bas-relief italien en cuivre repoussé : l'Enfance de Bacchus.

57 — Deux statuettes en bronze du XVIe siècle : Séraphins jouant, l'un de la mandoline, l'autre du violon.

58 — Heurtoir du XVIe siècle ; bronze italien à trois figures.

59 — Buste florentin : Empereur romain.

60 — Deux animaux soutenant des cornes d'abondance ; travail italien, bronzes dorés.

61 — Poids romain ; d'un côté, une tête fantastique ; au revers, un cheval.

62 — Deux anses de vase antique romain en bronze.

63 — Pendule Louis XVI en bronze doré, avec sujets de l'Étude.

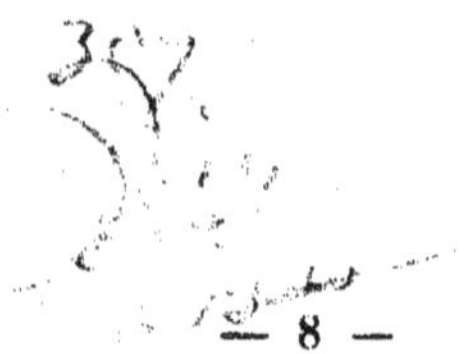

Objets Divers.

64 — Petit meuble italien à portique et tiroirs ; il est
  incrusté d'ivoire et offre sur les tiroirs des
  animaux de diverses espèces.

65 — Meuble Louis XIII en bois sculpté, avec support
  à colonnes torses.

66 — Etui en écaille piquée d'or.

67 — Camée du xve siècle : portrait de femme, cadre
  en argent orné de grenats et de turquoises.

68 — Deux tableaux de l'École de l'Albane : Saint-
  François et l'Enfant Jésus, et Saint-François
  en extase. Très-beaux encadrements en ébène,
  ornés de frises et de mascarons en cuivre
  doré.

69 — Couteau de chasse Louis XIV ; la garde en fer
  damasquiné d'argent, la lame avec armoiries
  et fleurs de lis.

70 — Couteau et fourchette avec manches en ivoire ;
  la gaîne en cuir gaufré doré et fleurdelisé.

71 — Plat en argent Louis XIV, avec rinceaux et armoiries repoussés.

72 — Chiens et gibier ; petite peinture dans le genre
  de Griff.

73 — Poignée, pommeau et garde de dague ; le four-
  reau triangulaire ; le tout en argent ciselé,
  époque Louis XIII.

74 — Poignée d'épée Louis XIV en fer incrusté d'argent.

75 — Présentoir en argent repoussé de l'époque de Louis XIII, incrusté de pierres précieuses et de coraux.

76 — Petit médaillon en argent gravé représentant Charlemagne sur son trône recevant ses tributaires.

77 — Grande croix processionnelle en argent; sur les deux faces, elle est ornée de neuf émaux translucides représentant des personnages religieux. Travail du XVe siècle.

78 — Châsse byzantine en cuivre émaillé, avec saints en relief; XVe siècle.

79 — Montre Louis XVI ornée d'un bel émail d'après Lancret.

80 — Châtelaine en acier avec ornements en or sur émail bleu.

81 — Charmant petit coffret italien, incrusté de nacre et de cuivre.

82 — Peinture sur glace par Trévisani : la Madeleine visitée par des Chérubins.

83 — Éventail Louis XVI, belle garniture en ivoire; miniature avec sujet mythologique.

84 — Autre éventail italien, belle garniture en ivoire sculpté; miniature avec le sujet de Vénus chez Vulcain.

85 — Canne en corne de rhinocéros; ancienne pomme en or émaillé.

86 — Petit panneau en bois sculpté, rinceaux, fleurs et armoiries.

87 — La Vierge, Jésus et saint Jean. Bas-relief en argent repoussé.

88 — Livre d'Heures du xvᵉ siècle, manuscrit sur vélin orné de vingt miniatures sur fond d'or, avec riches entourages de fleurs, de rinceaux et d'armoiries ; près d'une miniature est le portrait de la dame pour laquelle a été fait ce manuscrit.

89 — Ancienne chasuble en brocart d'or.

90 — Deux médaillons en étain, travail genre de Briot ; ils ont trait à la prise de Paris par l'armée de Henri IV.

91 — Chapelet en cornaline monté en argent.

92 — Médaille du pape Alexandre VII ; au revers, Androclès et le lion.

93 — Petit cadre à miroir en bois sculpté ; travail italien.

94 — Médaillon en étain, par Briot : Orphée charmant les animaux.

95 — Charmant coffret en bois incrusté de nacre et de bois de couleur, orné de frises, d'armoiries et d'oiseaux.

96 — Sous ce numéro seront vendus une grande quantité de bons objets que nous n'avons pu décrire, attendu le retard apporté dans l'envoi :

Terres cuites, Pendule, Appliques, Flambeaux italiens, etc.

Renou et Maulde, imprimeurs de la Compagnie des Commissaires-Priseurs, rue de Rivoli, 144.   36172